# Les matériaux

# LES MÉTAUX

© Éditions Gamma,
60120 Bonneuil-les-Eaux, 2002,
pour l'édition française.
Traduit par Jacques Canezza.
Dépôt légal : septembre 2002.
Bibliothèque nationale.
ISBN 2-7130-1958-3

Exclusivité au Canada :
Éditions École Active
2244, rue de Rouen, Montréal,
Qué. H2K 1L5.
Dépôts légaux : 4e trimestre 2002.
Bibliothèque nationale du Québec,
Bibliothèque nationale du Canada.
ISBN 2-89069-712-6

Loi n° 49-956 du 16 juillet 1949
sur les publications destinées à la jeunesse.

Imprimé en Spagne par Bookprint, S.L., Barcelone

Crédits photographiques :
Couverture - hd (Dr Morley Read) - Science Photo
Library. 4hd & 8hd (A.C. Waltham), 10bg (Peter
Scholey), 18bg (Earl Young), 19mg (Maximilian Stock
Ltd), 20bg (Jeff Greenberg@uno.com), 22hd (S. Bavister),
23bg & h, 24bd & 26d (Bildagentur Schuster/ Schiller),
5hd (Robert Frerck), 9hg, 17hg, 18/19h, 19m, 21bd -
Robert Harding Picture Library. 8bg (US Dept of
Energy), 4/5b & 10hd (Rosenfeld Images Ltd), 14hd
(Astrid and Hanns-Frieder Michler), 24hd (Dr Morley
Read), 25bd (Peter Thorne/Johnson Matthey), 27hd
(Vaughan Fleming), 6/7b, 28bd - Science Photo Library.
7bd & 11bd (Eileen Tweedy/London Museum), 19bd
(Deir-ez-Zor Museum, Syria/Dagli Orti), 24bg (British
Library) - The Art Archive. 14m & 27md (H. Halberstadt)
- The Stock Market. 15bd - AKG London. 26b Hulton-
Archive. 27bg- Allsport.

# Les matériaux

# LES MÉTAUX

## Steve Parker

GAMMA · ÉCOLE ACTIVE

# Sommaire

6 LES MÉTAUX

8 L'EXPLOITATION MINIÈRE

10 DU MINERAI AU FER

12 L'EXTRACTION DES MÉTAUX

14 LES ALLIAGES

16 LES ACIÉRIES

18 LA MISE EN FORME

20 DÉCOUPER ET ASSEMBLER

22 LES MÉTAUX INDUSTRIELS

24 LES MÉTAUX PRÉCIEUX

26 LES MÉTAUX MODERNES

28 LES MÉTAUX DU FUTUR

30 LES MÉTAUX ET LEURS EMPLOIS

31 GLOSSAIRE

32 INDEX

*La plupart des métaux proviennent des roches de l'écorce terrestre. Les roches riches en métaux sont appelées «minerais». Cette mine à ciel ouvert est une mine de cuivre.*

*Pour séparer un métal de son minerai, ce dernier est souvent mélangé à des produit chimiques puis chauffé dans un fourneau. Le minerai fond et le métal est ainsi libéré.*

# Introduction

Quel est le point commun entre une couronne en or et une automobile ? Ces objets sont en métal. La plupart des métaux sont durs, brillants et résistants. Ils sont essentiels dans notre monde moderne. Certains, tels le fer et l'aluminium, sont utilisés en grandes quantités. D'autres, tels le tungstène et le palladium, sont employés en quantités infimes. L'extraction des métaux des roches de l'écorce terrestre exige des quantités considérables d'énergie, et les réserves de minerais ne sont pas infinies. Il est donc vital d'économiser et de recycler les métaux.

*Certains métaux rares sont appréciés pour leur beauté. Cette statuette péruvienne est en or.*

*Certains métaux ont des utilisations industrielles. Ces carrosseries automobiles sont en acier, un alliage de fer et de carbone.*

# 6 Les métaux

Quelques métaux, tels l'or, l'argent ou le cuivre, se trouvent parfois à l'état pur sous forme de pépites. Mais les métaux sont en général mélangés à d'autres éléments et disséminés dans les roches de l'écorce terrestre.

## LES MINERAIS

Une roche qui contient un métal en quantité suffisante pour rendre son extraction rentable est un minerai. Des scientifiques - les géologues - font des expériences sur les roches pour identifier les métaux qu'elles contiennent et déterminer s'ils sont exploitables.

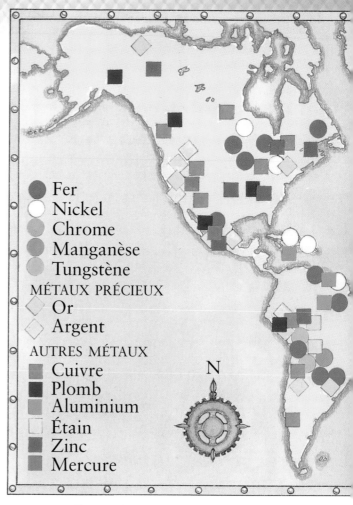

- ● Fer
- ○ Nickel
- ● Chrome
- ● Manganèse
- ● Tungstène

MÉTAUX PRÉCIEUX
- ◇ Or
- ◇ Argent

AUTRES MÉTAUX
- ■ Cuivre
- ■ Plomb
- ■ Aluminium
- □ Étain
- ■ Zinc
- ■ Mercure

N

*Les pastilles colorées indiquent les gisements de minerai dans le monde. En fait, la majorité des métaux se trouvent à peu près partout. Mais tous les minerais ne sont pas assez riches en métal pour que leur extraction soit rentable. Aujourd'hui encore, on explore dans le monde de nombreuses régions isolées à la recherche de minerais et d'autres minéraux.*

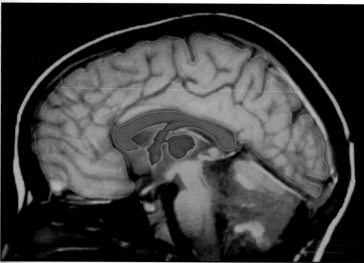

*Le sodium et le potassium sont nécessaires au système nerveux. Le calcium fortifie les os. Cette image est une scanographie du cerveau.*

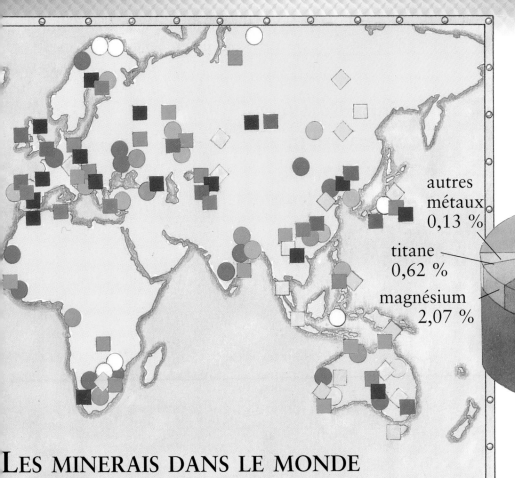

autres métaux 0,13 %

aluminium 8,07 %

fer 5,06 %

titane 0,62 %

calcium 3,64 %

magnésium 2,07 %

sodium 2,83 %

75 % de matières non métalliques

potassium 2,58 %

## LES MINERAIS DANS LE MONDE

## LA RECHERCHE DES MINERAIS

Pour trouver des roches riches en métaux, les géologues utilisent de nombreuses méthodes de prospection. Les photographies prises par des satellites mettent en évidence la forme et la superposition des couches rocheuses et donnent des indices sur la présence de métaux. Les gisements importants de minerai affectent aussi la pesanteur ou le magnétisme.

*Il faut effectuer de nombreuses analyses pour déterminer les métaux présents dans une roche. Celle-ci semble contenir de l'or, mais il s'agit en fait d'une pyrite de fer sans valeur.*

## Faits du PASSÉ

Certains métaux étaient si précieux pour nos ancêtres que des périodes de l'Histoire portent leur nom. L'âge du bronze, qui commença il y a plus de 5000 ans en Extrême-Orient, fut suivi par l'âge du fer il y a environ 3200 ans.

*Une pointe de lance en bronze découverte en Europe.*

7

# L'exploitation minière

L'extraction des minerais requiert diverses techniques. Pour des gisements en surface, il suffit de creuser le sol. Dans le cas de gisements enfouis, il faut creuser des tunnels, parfois à des centaines de mètres de profondeur, à l'aide d'explosifs et d'engins très puissants.

## LES MINES À CIEL OUVERT

Les gisements de minerai situés en surface sont exploités dans des mines à ciel ouvert. C'est une technique utilisée pour le cuivre, l'aluminium et le fer par exemple. La roche est dynamitée, puis des excavateurs géants en retire les blocs de minerai.

*Les géologues effectuent, à l'aide de carottiers, des prélèvements de roche appelés « carottes ». Chaque échantillon est analysé pour déterminer les métaux qu'il contient et leur quantité.*

*La mine de cuivre à ciel ouvert du canyon de Bingham, aux États-Unis, est le plus grand trou creusé par l'homme : il a une profondeur de plus de 60...*

## LA FORMATION

À l'intérieur de la Terre se trouve le magma, des roches en fusion à l'état pâteux (1). En refroidissant, ce magma durcit, avec un résidu d'eau chaude et de particules de métaux. Ce mélange pénètre dans les roches voisines (2) et les métaux s'y déposent. L'eau de pluie s'infiltre dans le sol, se charge des métaux et les transporte dans les parties spongieuses de la roche (3). Les métaux peuvent se concentrer dans la lave volcanique (4). En coulant sur la roche, les rivières entraînent les métaux et d'autres minéraux au fond des lacs et des mers (5). Sous les fonds océaniques, l'eau qui remonte vient déposer des métaux dans des fissures (6) ou dans des sources sous-marines (7).

*L'exploitation d'une mine de fer dans la région de Kiruna, en Suède, se fait à une grande profondeur et dans une atmosphère chaude et humide.*

## LES MINES SOUTERRAINES

Ce type d'exploitation est plus difficile.
De nombreux minerais se trouvent dans de fines couches rocheuses appelées «veines» ou «filons».

Ces filons sont le plus souvent inclinés et s'enfoncent parfois profondément dans la terre. Il faut creuser des puits verticaux et des galeries horizontales pour les atteindre. Le minerai est découpé par des haveuses, évacué jusqu'au puits d'extraction et remonté à la surface.

## DES MINERAIS

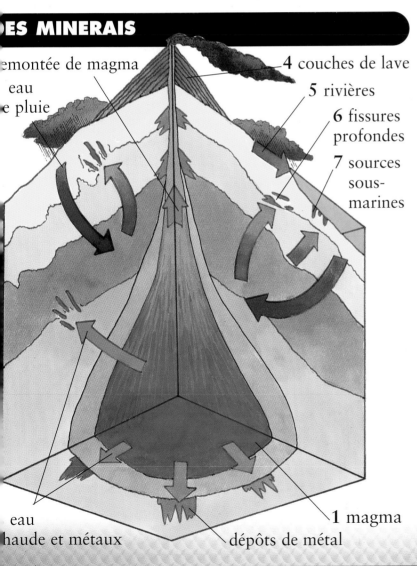

remontée de magma
eau de pluie

4 couches de lave

5 rivières

6 fissures profondes

7 sources sous-marines

1 magma

eau chaude et métaux

dépôts de métal

croûte
manteau
noyau externe
noyau interne

### *Idées* pour le **FUTUR**

Le centre de la Terre - le noyau - est constitué de fer et d'un faible pourcentage de nickel. Ces métaux sont en si grande quantité qu'ils pourraient alimenter nos industries pendant des siècles. Mais il faudrait, pour les atteindre, traverser le manteau qui est une couche épaisse de 2900 km située entre la croûte et le noyau. Cela prendrait aussi des siècles !

Le métal le plus utilisé dans le monde est le fer. Rarement utilisé sous une forme pure, il est le plus souvent mélangé à d'autres substances, en particulier du carbone pour obtenir de l'acier.

## UNE ÉNORME INDUSTRIE

Le fer est si important que l'exploitation de son minerai et son affinage - l'extraction du métal - est l'une des plus grosses industries du monde. Le fer se présente rarement à l'état pur : il est généralement mélangé à d'autres corps, l'oxygène (dans les oxydes de fer) et le soufre (dans les sulfures de fer).

## LE HAUT-FOURNEAU

Le minerai de fer est acheminé par camion, train ou batea Il est concassé et mélangé à du coke (qui est obtenu en faisant brûler du charbon) et à du calcaire. Ces trois matières premières sont versées dans le haut-fourneau, une énorme tour de plus de 30 m de hauteur. De l'air chaud est soufflé sur le coke qui brûle à plus de 1000 °C. Le minerai fond et produit de la fonte (mélange de fer et de carbone), utilisée pour faire de l'acie et des déchets appelés le «laitier» (scories).

1 minerai de fer

2 coke

3 calcaire

4 charge (mélange des matières premières)

*Le fer fait partie de la révolution industrielle, à la fin du XVIIIᵉ siècle. Le premier pont en fer fut construit à Iron-Bridge, en Angleterre.*

*Au pied d'un haut-fourneau, des ouvriers prélèvent régulièrement des échantillons pour vérifier la pureté de la fonte. Ils portent des combinaisons spéciales qui les protègent d'une chaleur supérieure à 1500 °C.*

# L'EXTRACTION PAR FUSION

Comme pour la plupart des métaux, l'extraction du fer se fait par la fusion du minerai. Cette opération se déroule dans un four géant appelé «haut-fourneau». Le combustible utilisé est le coke. En brûlant, il dégage des substances qui s'allient à l'oxygène, au soufre et à d'autres produits chimiques présents dans le minerai, ce qui permet de libérer le fer. Le calcaire absorbe ces différentes substances et le fer obtenu est presque pur.

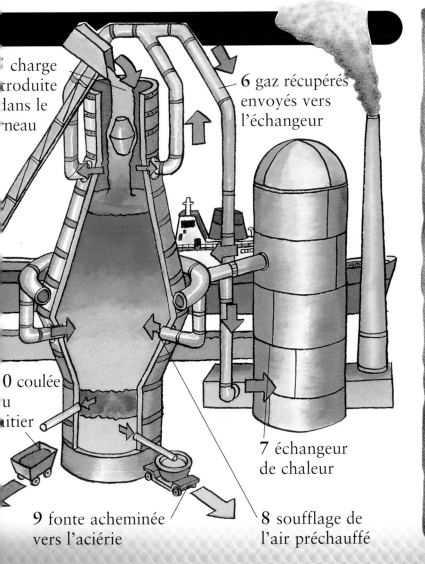

charge
roduite
lans le
neau

6 gaz récupérés envoyés vers l'échangeur

7 échangeur de chaleur

0 coulée
u
itier

9 fonte acheminée vers l'aciérie

8 soufflage de l'air préchauffé

## Faits du **PASSÉ**

L'âge du fer n'a pas commencé partout à la même époque. Il y a environ 3200 ans, les Hittites d'Anatolie (la Turquie actuelle) furent les premiers à faire fondre du minerai et à produire du fer presque pur. Différentes techniques de travail du fer commencèrent à se répandre en Europe il y a environ 2800 ans. Le travail de forge se généralisa il y a environ 2500 ans.

*Fer de hache et pointes de lances de l'âge du fer.*

11

# 12  L'extraction des métaux

L'aluminium est un métal
très léger et malléable. On
l'utilise pour fabriquer des
millions de canettes par jou

L'extraction de la plupart des métaux
se fait par la fusion du minerai
(voir page 11). Mais cette technique
ne permet pas toujours d'obtenir un
métal très pur. Une autre méthode
est donc mise en œuvre : l'affinage.

Le cuivre est un très bon
conducteur d'électricité. Il est
donc employé dans la fabrication
des fils et des câbles électriques.

## LE CUIVRE

La production du
cuivre se fait en deux étapes. Le minerai est
d'abord concassé, mélangé à de l'eau et des
solvants, filtré, puis fondu à une température
de 1500 °C avec des produits chimiques
appelés «flux». On obtient ainsi du cuivre pur à
99 %. L'étape suivante, l'affinage électrolytique
(voir «La production d'aluminium»), permet
d'obtenir une pureté presque parfaite.

Un contrôle pendant la fusion du nickel.

## LE NICKEL

Le nickel est un
métal brillant
qui ne fond qu'à
la température
de 1453 °C, une
température bien
supérieure à celle
de la fusion des
minerais des
autres métaux.

# LA PRODUCTION D'ALUMINIUM

L'aluminium est, après le fer, le métal le plus utilisé. Le principal minerai d'aluminium, la bauxite, est mélangé à des produits chimiques, puis chauffé. Il se forme alors une matière cristalline : l'alumine (ou oxyde d'aluminium). L'alumine est dissoute dans la cryolite dans une cuve électrolytique. Le mélange est soumis, à haute température, à un courant électrique assez puissant pour alimenter en électricité une grande ville. L'aluminium pur se sépare de l'oxygène et se dépose au fond de la cuve. Ce phénomène est appelé «électrolyse».

*Dans les cuves électrolytiques, l'aluminium est décomposé en oxygène et en aluminium fondu.*

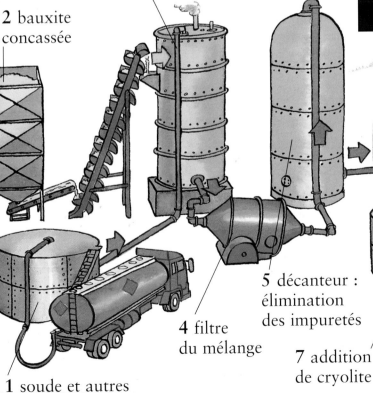

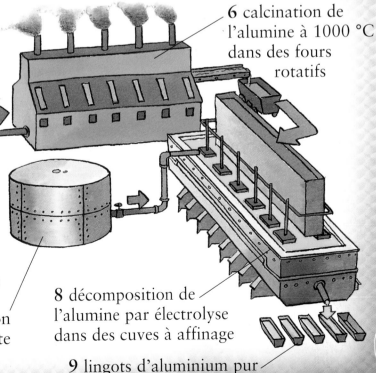

**3** bauxite et soude chauffées dans un autoclave

**2** bauxite concassée

**6** calcination de l'alumine à 1000 °C dans des fours rotatifs

**5** décanteur : élimination des impuretés

**4** filtre du mélange

**7** addition de cryolite

**8** décomposition de l'alumine par électrolyse dans des cuves à affinage

**1** soude et autres produits chimiques

**9** lingots d'aluminium pur

13

De nombreux métaux sont extraits de leur minerai, raffinés, puis mélangés à de nouvelles substances. Ce mélange permet d'améliorer les qualités d'un métal en le rendant par exemple plus solide.

## DE NOMBREUX MÉLANGES

Un alliage est le résultat du mélange d'un métal et d'une autre substance. Cette substance peut être un autre métal ou un élément non métallique tel que le carbone.

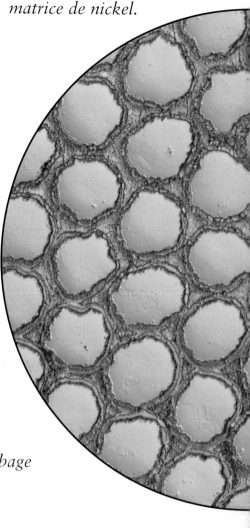

*Un alliage d'argent et de nickel montre au microscope des bulles d'argent prisonnières d'une matrice de nickel.*

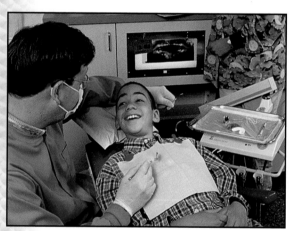

*Chez un dentiste, un plombage est un mélange de chrome, de cobalt, de titane et de molybdène.*

## DES ALLIAGES DE CUIVRE

Le cuivre, très malléable et résistant à la corrosion, est utilisé pour fabriquer de nombreux alliages. Les proportions des différents métaux donnent les propriétés finales de l'alliage. Un laiton qui contient 20 % de zinc est jaune orangé et peut être travaillé à froid. Un laiton qui contient 50 % de zinc est plus blanc et se travaille à chaud.

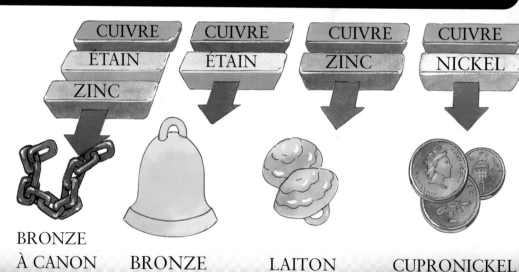

| CUIVRE | CUIVRE | CUIVRE | CUIVRE |
| ÉTAIN | ÉTAIN | ZINC | NICKEL |
| ZINC | | | |

BRONZE À CANON    BRONZE    LAITON    CUPRONICKEL

# DE NOUVEAUX ALLIAGES

Certains alliages peuvent subir un allongement très important, sans se rompre, tout en conservant leur dureté et leur résistance. D'autres sont supraconducteurs, car ils ne présentent pratiquement aucune résistance au passage de l'électricité.

*Ces écouteurs contiennent de minuscules aimants en alliage de cobalt et de samarium. Sans cet alliage, les écouteurs seraient énormes.*

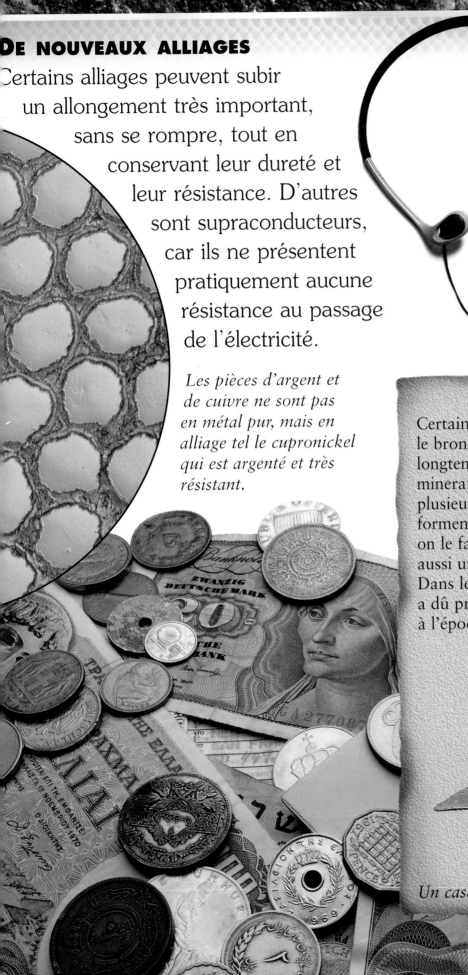

*Les pièces d'argent et de cuivre ne sont pas en métal pur, mais en alliage tel le cupronickel qui est argenté et très résistant.*

## Faits du **PASSÉ**

Certains alliages de cuivre, comme le bronze, sont connus depuis très longtemps, peut-être parce que le minerai de cuivre contient souvent plusieurs métaux ; des alliages se forment donc naturellement quand on le fait fondre. Ce minerai contient aussi une substance toxique, l'arsenic. Dans le passé, la purification du cuivre a dû provoquer la mort, inexpliquée à l'époque, de nombreuses personnes.

*Un casque en bronze de l'époque romaine.*

**Les alliages sont des mélanges de métaux et d'autres substances. Le fer est mélangé au carbone pour produire l'alliage le plus répandu dans le monde : l'acier.**

## DE NOMBREUX ACIERS

Il existe de nombreux types d'acier. Ils sont tous produits à base de fer auquel on incorpore des quantités variables de carbone, de métaux et d'autres corps. L'acier le plus commun est un alliage de fer comportant moins de 1,8 % de carbone. Il est utilisé pour les productions industrielles, telles les carrosseries d'automobiles. Des boîtes de conserve sont en acier recouvert d'une mince couche d'étain qui empêche la corrosion.

*La structure d'un gratte-ciel est faite de poutres en acier résistant et capable de supporter des poids importants.*

*Les moteurs de fusées et d'avions à réaction produisent des chaleurs incroyables. Pour supporter ces températures, leurs revêtements sont en aciers spéciaux comportant du niobium et du titane.*

## Idées pour le FUTUR

L'acier est très solide, mais il es opaque. Le verre, au contraire, est fragile, mais il est transpare Un jour, on découvrira un nouvel alliage d'acier qui sera à la fois solide et transparent. Il pourra recouvrir des villes entières pour les protéger du mauvais temps.

Il existe de nombreuses techniques pour transformer le fer en acier. Dans le procédé à l'oxygène, on insuffle un courant d'oxygène à haute pression pendant environ 20 minutes dans un convertisseur qui peut être incliné sur le côté pour le chargement et l'évacuation. L'oxygène modifie la teneur en carbone du fer. On obtient ainsi 300 tonnes ou plus d'acier qui sort du convertisseur à une température de 1625 °C.

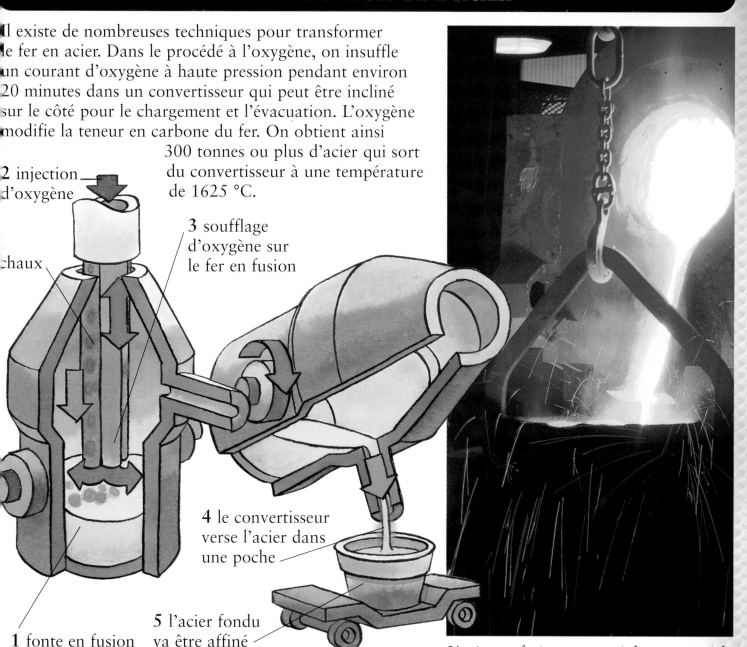

2 injection d'oxygène

3 soufflage d'oxygène sur le fer en fusion

chaux

4 le convertisseur verse l'acier dans une poche

5 l'acier fondu va être affiné

1 fonte en fusion

*L'acier en fusion est versé dans une poche.*

## LES ACIERS INOXYDABLES

Les aciers inoxydables sont des alliages très importants. On y incorpore du chrome, un métal brillant, qui améliore leur dureté et leur permet de résister aux rayures et à la corrosion. Ces aciers sont utilisés pour fabriquer des couteaux et des éviers.

*Dôme en acier transparent.*

17

# 18 La mise en forme

**Les métaux sont durs et résistants, et il est parfois difficile de leur donner certaines formes. Mais on peut cependant les façonner grâce à de puissantes machines construites avec des métaux extrêmement durs.**

*Du titane en fusion est étiré à travers des trous de plus en plus petits pour donner une longue tige. Le titane est l'un des métaux les plus durs et les plus résistants.*

### LE CHOIX DU MÉTAL

Un métal possède des caractéristiques qui le rendent plus ou moins adapté à l'une des techniques de mise en forme.

Le cuivre, par exemple, est extrêmement ductile, c'est-à-dire qu'il peut être étiré sans se rompre. On l'utilise donc pour fabriquer des tubes et des fils.

L'or est malléable et l'on peut, même à froid, le laminer ou le marteler pour obtenir des feuilles très minces.

## LA MISE EN FORME À CHAUD

Un métal chauffé s'amollit. C'est pour cela que la plupart des métaux durs se travaillent à chaud, dès qu'ils sortent du four où ils ont été produits. Ils peuvent être laminés entre deux cylindres, martelés à la forge, étirés à travers une filière ou coulés dans un moule où ils refroidissent et se solidifient.

*Du métal en fusion est versé dans un moule de sable dans lequel il refroidit et durcit. Le moule sera cassé.*

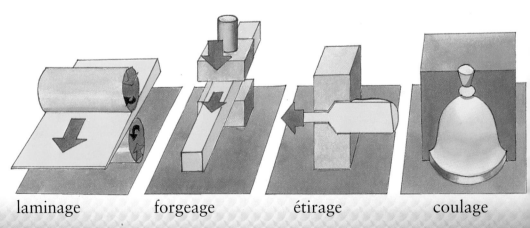

laminage          forgeage          étirage          coulage

## La trempe et la cémentation

Pour augmenter la dureté des pièces métalliques, on peut leur faire subir certains traitements après leur mise en forme. La trempe consiste à chauffer la pièce à une température donnée, puis à la refroidir brusquement en la trempant dans de l'eau ou de l'huile. La cémentation modifie la composition superficielle d'un métal en lui incorporant en surface un élément, tel le carbone ou un autre métal. Par exemple, les lames de scies et les forets sont souvent en acier, mais leurs dents sont parfois cémentées avec du tungstène, un métal dur.

*Mesure d'une pièce de moteur qui doit être usinée au millième de millimètre.*

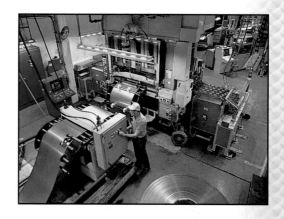

*Les couvercles de boîtes ou les bouchons de bouteilles sont estampés. Les restes des feuilles de métal sont recyclés.*

## LA MISE EN FORME À FROID

Les métaux moins durs - tels l'aluminium, l'étain et l'acier doux - sont mis en forme à froid. L'usinage façonne une pièce sur des machines-outils. L'extrudeuse pousse le métal dans un trou ou un moule pour lui donner une forme allongée. L'emboutissage et l'estampage se font sur presse pour donner une forme déterminée à une feuille de métal.

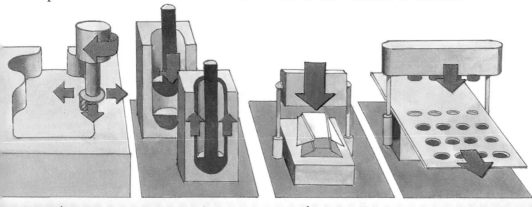

usinage        extrusion        emboutissage        estampage

19

**Découper et assembler**

Nous découpons des feuilles de papier avec des ciseaux et nous les assemblons de différentes façons, à l'aide de colle. Il en va de même avec les métaux : nous les découpons et nous les assemblons, mais les procédés que nous utilisons sont très puissants.

### LE DÉCOUPAGE

Les métaux comme l'acier sont très durs. Mais on trouve généralement un matériau encore plus dur, comme le tungstène, le Carborundum et le diamant, qui peuvent scier ou meuler ces métaux. La fusion est aussi utilisée pour découper le métal : la chaleur d'un four, d'un chalumeau ou d'un rayon laser ramollit le métal qui se découpe ainsi plus facilement.

*Il est indispensable de porter un équipement de protection pour découper et souder le métal.*

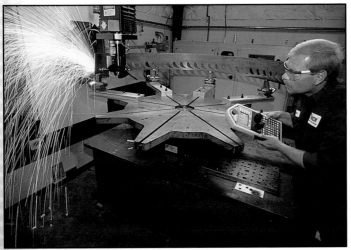

*En utilisant du dioxyde de carbone, des rayons laser très puissants peuvent chauffer des métaux à des milliers de degrés. Le rayon étroit ne fait fondre qu'une petite bande de métal et la coupure est très précise.*

### LES PROCÉDÉS DE SOUDAGE

Le soudage par friction consiste à frotter l'une contre l'autre deux pièces de métal qui s'échauffen tellement qu'elles finissent par s'assembler. Le soudage MIG («metal inert gaz» : soudage au gaz inerte) et le soudage à l'arc sont d'autres méthodes utilisées pour assembler des pièces métalliques.

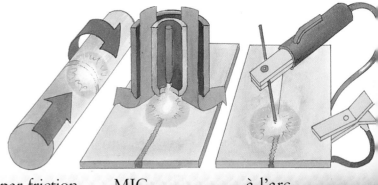

par friction     MIG     à l'arc

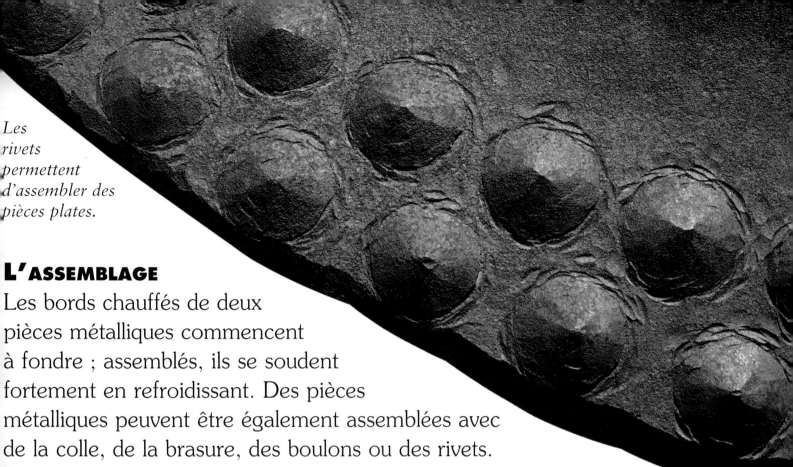

*Les rivets permettent d'assembler des pièces plates.*

## L'ASSEMBLAGE

Les bords chauffés de deux pièces métalliques commencent à fondre ; assemblés, ils se soudent fortement en refroidissant. Des pièces métalliques peuvent être également assemblées avec de la colle, de la brasure, des boulons ou des rivets.

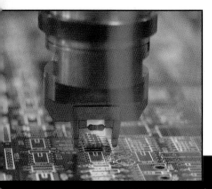

*La brasure est un alliage qui fond à une température assez basse, vers 200 °C. Elle est utilisée pour souder des pièces électriques délicates.*

La chaleur d'un rayon laser ne se contente pas de découper le métal. Elle fait fondre les bords de pièces de métal qui peuvent être assemblées et vont se souder en refroidissant. Une très forte pression provenant d'un explosif ou des coups de marteau à la forge chauffe le métal et soude les pièces.

### Idées pour le FUTUR

La plupart des matériaux peuvent être joints solidement avec de la colle. Cependant, même les colles les plus puissantes ne peuvent assembler certains métaux. Un jour peut-être inventera-t-on une colle qui soudera des pièces de métal en faisant fondre leurs bords.

*Une voiture assemblée avec de la colle ?*

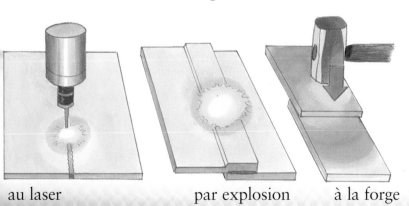

au laser                par explosion          à la forge

21

Les métaux sont utilisés en grandes quantités dans l'industrie. Le plus important est le fer, employé surtout sous forme d'acier. L'aluminium, l'étain, le cuivre, le zinc et le chrome sont d'autres métaux pour l'industrie.

### LÉGER MAIS SOLIDE

L'aluminium est très léger mais il est solide. Contrairement au fer et à l'acier, il ne rouille pas. Il est couramment utilisé pour fabriquer toutes sortes d'objets, des casseroles aux échelles, des câbles à haute tension aux avions.

*Certains métaux brûlent rapidement en produisant des étincelles colorées. Ils sont utilisés dans les feux d'artifice. Le sodium donne une flamme jaune, le strontium rouge, le baryum verte et le cobalt bleue.*

*La plupart des carrosseries automobiles sont en acier. Les pièces détachées sont relativement bon marché, légères et résistantes. Elles sont de plus assez faciles à découper, à mettre en forme et à souder. Mais elles ont l'inconvénient d'être sensibles à la corrosion.*

*Les bandes magnétiques des cassettes audio et vidéo sont recouvertes d'une mince couche de particules métalliques, à base de fer, qui enregistrent des informations sous la forme d'éléments magnétisés.*

## LA LUTTE CONTRE LA CORROSION

Le fer et l'acier rouillent. Des métaux tels le zinc, l'étain et le chrome, résistent à la corrosion. C'est pourquoi les pièces en acier sont souvent recouvertes d'une fine couche d'un autre métal qui les protège. L'une des méthodes pour déposer cette couche consiste à faire fondre le métal anticorrosion dans une cuve et à y plonger la pièce. Une autre méthode est la galvanoplastie. Ainsi, les pièces recouvertes d'une couche de chrome dure et luisante sont dites «chromées».

## Faits du PASSÉ

Le plomb est très lourd, malléable, facile à faire fondre et il résiste à la corrosion. Il a été utilisé pour fabriquer des toitures, des tuyaux et des peintures. Il a aussi été employé comme additif dans l'essence pour améliorer le fonctionnement des moteurs. Mais les médecins ont découvert que le plomb est dangereux pour la santé. Il est aujourd'hui utilisé plus rarement.

*Chevrotines (plombs de chasse).*

## LA GALVANOPLASTIE

*Un zingage anticorrosion.*

Cette méthode consiste à placer des électrodes - une positive et une négative - dans un liquide et à faire passer entre elles un courant électrique. L'électrode positive est faite dans le métal que l'on veut déposer en couche (ou plaquer) sur la pièce. De minuscules particules de ce métal - des ions - se détachent et sont transportés par l'électricité vers l'électrode négative reliée à la pièce que l'on veut plaquer. Les particules de métal se déposent sur elle en formant une couche uniforme.

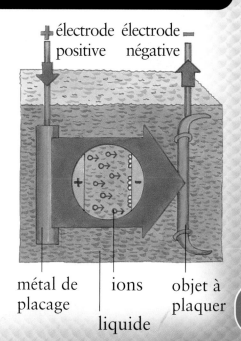

électrode positive

électrode négative

métal de placage

ions

objet à plaquer

liquide

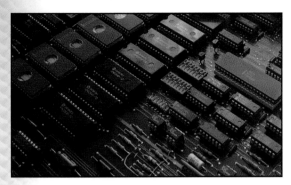

*L'or et l'argent sont de très bons conducteurs électriques. On les utilise pour fabriquer des fils, des commutateurs et des contacts électriques de haute qualité.*

**L'or ! L'argent !
Les hommes ont toujours désiré posséder certains métaux. Ils les ont cherchés pendant des années, parcourant de grandes distances et surmontant de nombreuses épreuves.**

### DES MÉTAUX RARES

L'or, l'argent, le platine et certains autres métaux sont précieux pour plusieurs raisons. Ils possèdent de belles couleurs, sont brillants et résistants. Très malléables, ils peuvent être travaillés de nombreuses façons. On les utilise pour des bijoux fins et délicats, tels des bagues, des bracelets et des colliers. Et enfin, ils sont rares et leur affinage est difficile.

### *Faits* du **PASSÉ**

Les alchimistes croyaient jadis à l'existence de la «pierre philosophale», une matière capable de transformer les métaux les plus ordinaires en or pur. Mais malgré de très longues recherches, personne ne l'a jamais découverte.

*Des alchimistes cherchent de l'or.*

*Une couche de sels d'argent recouvre les pellicules de cinéma. Ces sels changent de couleur lorsqu'ils sont exposés à la lumière et forment une image sur le film.*

*On trouve parfois des paillettes et des pépites d'or dans la nature, en particulier dans le sable des rivières.*

L'or est extrait de minerais aurifères. Les minerais, concassés et broyés, forment une pulpe sur laquelle on projette de l'eau à haute pression. Les particules contenant de l'or sont plus lourdes et se déposent au fond de bassins de décantation. Pour séparer l'or des autres matières, on mélange ces particules à une solution de cyanure de sodium, puis on ajoute du zinc. Les particules d'or sont alors compressées, séchées et chauffées pour les débarrasser de l'eau et des dernières impuretés. Elles sont enfin fondues dans un four.

2 particules contenant de l'or décantant dans des bassins

3 particules mélangées à du cyanure de sodium

4 le mélange est filtré

5 on ajoute du zinc au mélange

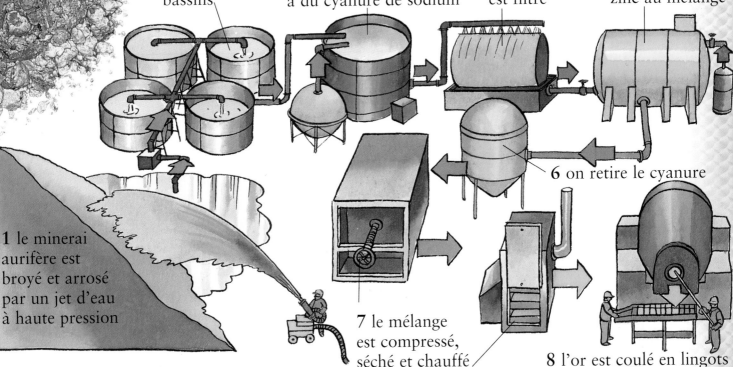

6 on retire le cyanure

1 le minerai aurifère est broyé et arrosé par un jet d'eau à haute pression

7 le mélange est compressé, séché et chauffé

8 l'or est coulé en lingots

## LES PIÈCES DE MONNAIE

L'or et l'argent étaient autrefois utilisés pour les pièces de monnaie à cause de leur valeur. Ils sont aujourd'hui remplacés par des alliages plus résistants et meilleur marché. Des lingots d'or et d'argent sont encore en circulation dans les banques.

*Lingots d'or.*

25

Il existe plus de 90 corps purs naturels appelés «éléments chimiques». Environ 70 sont des métaux. De nombreuses découvertes scientifiques reposent sur des métaux rares, peu utilisés dans la vie quotidienne.

## LES POTS CATALYTIQUES

Les voitures récentes sont équipées d'un pot catalytique. Ce dispositif transforme les gaz d'échappement les plus dangereux en substances moins polluantes. Les pots catalytiques contiennent des métaux rares tels le palladium, le platine et le rhodium.

### Faits du PASSÉ

Marie Curie, une scientifique française d'origine polonaise, identifia le polonium et isola le radium. Elle découvrit également que certains métaux émettent des rayonnements et inventa le mot «radioactivité» pour désigner ce phénomène.

*Marie Curie (1867–1934).*

*Les centrales nucléaires utilisent comme combustibles des métaux radioactifs tels l'uranium et le plutonium.*

## LES MÉTAUX DES PILES

Le schéma ci-dessous montre certains des métaux utilisés dans une pile électrique classique. Les piles rechargeables contiennent du nickel et du cadmium.

*Le mercure est le seul métal liquide à la température normale. Il se solidifie à -39 °C et bout à 357 °C. Il était utilisé dans les thermomètres médicaux.*

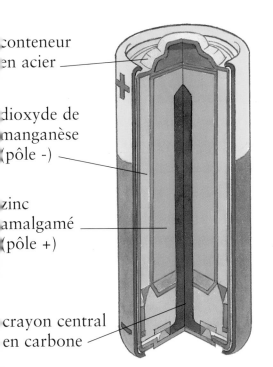

conteneur en acier

dioxyde de manganèse (pôle -)

zinc amalgamé (pôle +)

crayon central en carbone

## L'ÉLECTRICITÉ PROVENANT DES MÉTAUX

Certains métaux - tels le plomb, le zinc, le lithium, le manganèse, le mercure, le nickel et le cadmium - sont utilisés dans les piles électriques pour produire de l'électricité ; mais quelques-uns sont dangereux si on les abandonne dans la nature. C'est pour cette raison qu'il ne faut pas jeter les vieilles piles n'importe où. Les piles rechargeables peuvent être utilisées à de nombreuses reprises et permettent de limiter le gaspillage et la pollution.

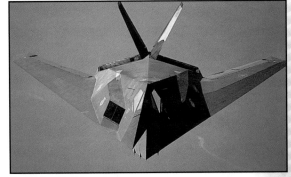

*Plusieurs milliards par an sont consacrés à la recherche sur les alliages. Des métaux rares sont combinés pour obtenir de nouveaux alliages plus solides, plus légers et plus résistants à l'usure, à la chaleur, aux rayons et aux produits chimiques. Ils sont utilisés pour fabriquer des voitures de course et des avions.*

27

Les hommes n'exploitaient autrefois que quelques métaux et leurs alliages, tels le fer, le cuivre, le plomb, l'étain, le bronze et le laiton. Nous utilisons aujourd'hui pratiquement tous les métaux naturels et même certains métaux artificiels.

## LES MÉTAUX ARTIFICIELS

Certains métaux n'existent pas dans la nature. Ils sont fabriqués par l'homme dans d'énormes machines qui désintègrent les atomes. Ces métaux artificiels ont des caractéristiques particulières, comme une radioactivité ou un magnétisme très élevé.

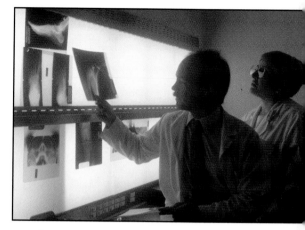

*Le baryum apparaît en blanc sur les radiographies. Les patients avalent une solution contenant un peu de ce métal.*

### Idées pour le FUTUR

Sur Terre, les réserves de métaux ne sont pas illimitées. Mais il y a dans l'espace des masses rocheuses - les astéroïdes - qui sont riches en différents métaux tels le fer, le nickel et l'iridium. Nous enverrons peut-être un jour des vaisseaux spatiaux exploiter ces roches pour constituer sur Terre de nouvelles réserves de métaux.

*Les alliages supraconducteurs amélioreront les performances des ordinateurs.*

*Une météorite tombée au Texas.*

De nombreux métaux peuvent être collectés et recyclés, ce qui permet de protéger la nature en limitant la pollution et d'économiser des matières premières, de l'énergie et du temps. Les métaux recyclables sont entre autres le fer, l'acier, l'aluminium, le cuivre, le plomb, l'or, l'argent et le laiton.

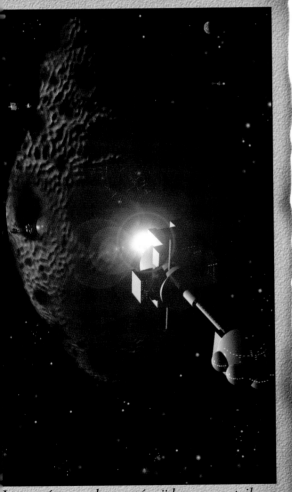

*Les métaux des astéroïdes seront-ils exploités ?*

## DES PROBLÈMES LIÉS AUX MÉTAUX

L'extraction et l'affinage des métaux exigent de grandes quantités de matières premières, de produits chimiques et d'énergie. Cette énergie provient essentiellement du charbon, du pétrole et du gaz, des combustibles non renouvelables. De plus, les mines à ciel ouvert défigurent les paysages et les montagnes de scories posent de graves problèmes de gaspillage et de pollution.

## ÉCONOMISER LES MÉTAUX

Nous avons utilisé une grande partie des minerais les plus riches en métaux. Nous devrons donc à l'avenir traiter plus de minerais tout en obtenant moins de métaux. Ce sont quelques raisons pour lesquelles il est essentiel d'économiser et de recycler les métaux.

# 30 Les métaux et leurs emplois

| TYPES DE MÉTAUX | | CARACTÉRISTIQUES ET EMPLOIS |
|---|---|---|
| **MÉTAUX INDUSTRIELS** | Fer (symbole chimique Fe) | Lourd, assez solide, magnétique, peut être fondu et forgé, mais rouille à l'humidité ; utilisé en ferronnerie d'art ; la plus grande partie de la production de fer est alliée à d'autres métaux et au carbone. |
| | Acier (alliages du fer) | Très solide ; nombreuses variétés utilisées pour fabriquer des poutres, des armatures, des tôles, des automobiles, des machines, des boîtes de conserve, des outils, des vis et des écrous, des couteaux, des ustensiles en acier inoxydable et des milliers d'autres objets. |
| | Aluminium (Al) | Léger, solide, un peu cassant ; utilisé surtout dans des alliages pour fabriquer des avions, des câbles électriques, des conteneurs, des ustensiles de cuisine, du papier aluminium, des pièces très légères. |
| | Cuivre (Cu) | Bon conducteur d'électricité, résistant à la corrosion ; utilisé pour fabriquer des fils électriques, des câbles, des tubes, des tuyaux, des conteneurs de produits chimiques, des pièces de machines. |
| | Étain (Sn) | Résiste bien à la corrosion ; utilisé pour plaquer des objets métalliques tels que des conteneurs en acier (boîtes de conserve). |
| **MÉTAUX PRÉCIEUX** | Or (Au) | Très précieux, se travaille facilement et résiste à la corrosion ; utilisé pour faire, des bijoux, des pièces de monnaie, des contacts d'appareillages électriques, des boucliers thermiques et des placages ; utilisé aussi en médecine. |
| | Argent (Ag) | Se travaille facilement ; utilisé pour faire des placages (galvanoplastie), des bijoux, des pièces de monnaie et des équipements électriques. |
| | Platine (Pt) | Très dur et résistant à l'usure ; utilisé pour fabriquer des contacts d'appareillages électriques, des pièces de machines, des bijoux et des appareils scientifiques. |
| **AUTRES MÉTAUX** | Mercure (Hg) | Un métal liquide à la température normale ; utilisé en dentisterie et pour fabriquer des piles, des appareils électriques, des thermomètres et des produits chimiques. |
| | Cadmium (Cd) | Un peu mou et argenté, ressemble au zinc ; utilisé en galvanoplastie et pour des alliages fondant à des températures peu élevées (utilisés dans les alarmes incendie par exemple). |
| | Nickel (Ni) | Dur et blanc argenté ; utilisé dans des alliages, en placage pour protéger de l'usure et de la corrosion, dans des réactions chimiques, dans des superaimants. |
| | Chrome (Cr) | Extrêmement dur, résistant et brillant ; utilisé en galvanoplastie, dans des contacts d'appareillages électriques et pour produire de l'acier inoxydable. |
| | Ytterbium (Yb) | Un métal rare et argenté ; n'a pratiquement aucune utilisation importante. |

# Glossaire

**affinage :** l'ensemble des opérations pour rendre un métal plus pur en le débarrassant de certaines substances.

**alliage :** un produit métallique obtenu en mélangeant un métal et une ou plusieurs substances. Le laiton est un alliage de cuivre et de zinc. Les aciers sont des alliages de fer et de carbone généralement associés à d'autres métaux tel le chrome dans le cas des aciers inoxydables.

**brasure :** un alliage qui fond à une température assez basse et qui est utilisé pour souder des pièces métalliques.

**carbone :** un corps simple non métallique qui est l'élément essentiel du charbon ; il est utilisé dans la fabrication des alliages.

**conducteur :** un corps qui laisse passer le courant électrique (conducteur électrique) ou la chaleur (conducteur thermique). La plupart des métaux sont de bons conducteurs électriques et thermiques.

**corrosion :** une destruction lente et progressive d'un métal par une action chimique (exemple : la rouille).

**excavateur :** un engin de terrassement muni d'une roue-pelle.

**extraction :** l'action de retirer un métal de son minerai. L'extraction peut se faire par fusion, par pression ou par traitement chimique.

**haveuse :** une machine pour abattre de la roche dans une mine.

**laitier :** les impuretés produites par l'affinage du minerai de fer dans un haut-fourneau.

**malléable :** se dit d'un métal qui peut facilement être mis en feuille par martelage.

**minerai :** une roche qui contient un métal donné en quantité suffisante pour rendre son extraction rentable.

**minéraux :** des substances naturelles d'origine inorganique (ni animale ni végétale) et le plus souvent formées de cristaux. Les roches sont composées de nombreux minéraux.

**radioactivité :** l'émission, par certaines substances, de particules et de rayons invisibles qui peuvent provoquer des maladies telles que des cancers.

**scories :** les résidus provenant de l'extraction du minerai.

acier 5, 10, 16-17, 19, 22, 23, 30

affinage 10-12, 29, 31

âge du bronze 7

âge du fer 7, 11

alliages 14-16, 31

alumine 13

aluminium 5-8, 13, 19, 22, 30

argent 6, 14, 15, 18, 24, 30

astéroïde 28

baryum 22, 28

bauxite 13

brasure 21, 31

bronze 7, 14, 15

cadmium 27, 30

calcium 7

carotte 8

cémentation 19

chrome 6, 14, 17, 22, 23, 30, 31

cobalt 13, 22

convertisseur 17

corrosion 23, 30, 31

coulage 18

cuivre 4, 6, 8, 12, 14, 15, 18, 22, 30, 31

cupronickel 14, 15

découpage 20

électrolyse 12, 13, 31

emboutissage 19

estampage 19

étain 6, 14, 16, 19, 22, 23, 30

étirage 18

exploitation minière 6, 8, 9, 10, 19, 25, 31

extraction 5, 10, 12-13, 31

extrusion 19

fer 6-10, 29-31

filière 18

fonte 10, 11, 17

forge 11, 18, 21, 30

four 4, 10, 11, 17, 18, 20

fusion 11, 12

galvanoplastie 23

géologues 6-8

haut-fourneau 10, 11

laitier 10, 11, 31

laiton 14, 31

laminage 18

lave 8, 9

lithium 27

magma 8, 9

magnésium 7

magnétisme 7, 15, 23, 28, 30

manganèse 6, 27

mercure 6, 27, 30

météorites 28

minerais 4-10, 12, 25, 31

minéraux 6, 8, 31

mines 8, 29, 31

moulage 18, 30

nickel 6, 9, 12, 14, 27, 3

or 5-7, 14, 18, 24-25, 30

placage 23, 30

palladium 26

platine 24, 26, 30

plomb 6, 14, 22, 23, 27

plutonium 26

polonium 26

potassium 7

radioactivité 26, 28, 31

radium 26

recyclage 5, 19, 29

rhodium 26

rouille 22, 23, 30

samarium 15

scories 25, 31

sodium 7, 22

soudage 20-22

strontium 22

titane 7, 14, 16, 18

trempe 19

tungstène 5, 6, 19, 20

uranium 26

usinage 19

zinc 6, 14, 22-23, 25, 27, 31